JN116711

すみっコぐらし™

こどもも おとなも

おみちびきBOOK

監修：サンエックス

占い：クロイ

この本の使いかた

心がもやもやしたり、
だれかのアドバイスがほしいとき、
この本を手にとってみてください。

本をひらく前に、深呼吸を忘れずに。
目をとじて、すきなページをひらきましょう。

ひらいたページに書かれた言葉が、
あなたをみちびいてくれたり、
ちいさなヒントをくれるかもしれません。

かわいいすみっコたちを見ているだけで、
いつのまにか心も体もリラックス♪

本をとじたら
ゆっくりとお茶を飲んで
お気に入りのすみっこでのんびり過ごしましょう。

おみちびきBOOK は
ビブリオマンシー（本占い）です。

＊ ◆ ＊

ビブリオマンシー "bibliomancy" とはヨーロッパに古くから伝わる、本を使った占いのことです。本占いや書物占いと呼ばれています。聖書や詩集を開いて、ソコに書いてある言葉を読みとるという占い方法です。この本には、ラッキーすみっコやラッキーアイテムものっています。すみっコたちに会いに、ちょっと気分を晴れやかにしたいときに、気軽に本をひらいてみてください。

＊ ◆ ＊

この本に登場するすみっコたちを紹介します。

しろくま

北からにげてきたさむがりでひとみしりのくま。あったかいお茶をすみっこでのんでいるときがいちばんおちつく。

ぺんぎん?

自分はぺんぎん?
自信がない。
昔はあたまにおさらが
あったような…。

とんかつ

とんかつのはじっこ。
おにく1%、しぼう99%。
あぶらっぽいから
のこされちゃった…。

ねこ

はずかしがりやで気が弱く、よくすみっこをゆずってしまう。体型を気にしている。

とかげ

じつは、きょうりゅうの生き残り。つかまっちゃうのでとかげのふり。みんなにはひみつ。

✦ みにっコ ✦

えびふらいの
しっぽ

かたいから
食べのこされた。
とんかつとは、
こころつうじる友。

たぴおか

ミルクティーだけ
先にのまれて
吸いにくいから
残されてしまった。
ひねくれもの。

ブラック
たぴおか

ふつうのたぴおか
より、もっと
ひねくれている。

ふろしき

しろくまのにもつ。
すみっこのばしょ
とりやさむいときに
使われる。

ほこり

すみっこによく
たまる、のうてんき
なやつら。

ざっそう

いつかあこがれの
お花屋さんで
ブーケにしてもらう!
という夢を持つ
ポジティブな草。

にせつむり

じつはカラを
かぶったなめくじ。

ふくろう

すずめと仲良し。
夜行性だけど
がんばって昼間
に起きている。

すずめ

ただのすずめ。
とんかつを気に入って
ついばみにくる。

おばけ

屋根裏のすみっこ
にすんでいる。こわ
がられたくないので
ひっそりとしている。
おそうじ好き。

あじふらいの
しっぽ

かたいから食べ
のこされた。のこる
ことができてラッキー
だと思っている
ポジティブな性格。

きのこ

森でくらしている。
じつはカサが小さい
のを気にして大きい
のをかぶっている。

わた

だいじにされた
ぬいぐるみだけに
入っている
とくべつなわた。

あげだま

あじふらいの
しっぽにくっついて
やってきた、ちいさな
あげっコたち。

やま

ふじさんに
あこがれている、
ちいさいやま。

もぐら

地下のおうちで
くらしている。外に
出るときはお気に
入りの赤い長靴を
はいている。

ぺんぎん（本物）

しろくまが北に
いたころに出会った
ともだち。とおい南
からやってきて世界
中を旅している。

とかげ（本物）

とかげのともだち。
森でくらしている
本物のとかげ。細か
いことは気にしない
のんきな性格。

ねこの
きょうだい
（グレー）

好奇心おうせい
で元気いっぱい。
ねこと同じく
食いしんぼう。

ねこの
きょうだい
（トラ）

いつも眠そうな
顔でのんびりして
いる。ねこと同じく
食いしんぼう。

パン店長

『パン屋すみっコ』
の店長。
おしゃべりが好き。

かわうそ

じつはぜつめつ
したといわれている
種類の生き残り。
つかまっちゃうので
各地を転々として
いる。でも本当は
好奇心おうせい。

うさぎマイスター

ご主人のおにわ
ばんをしている。
お茶とお花を
育てるのがとくい。

LUCKY
ラッキーすみっコ
SUMIKKO
〈しろくま〉

お部屋のすみで
のんびりくつろぎ中のすみっコたち。

お気に入りの場所で、
だいじな友だちと過ごす時間はかけがえのないもの。
あたりまえに過ごしていると、
大切さが見えなくなることも。
ひと呼吸して、身近なしあわせを見つめてみて。

message

ちいさなしあわせをだいじに

LUCKY SPOT
ラッキースポット

+ お部屋のすみ +

落ちつかないときは、お部屋のすみで
じーっとすると、あったかい気持ちになれるよ。

お風呂に入る、すみっコたち。
いっぱいの泡にかこまれて気持ちよさそう。

初めてのことをするときは、心配ごとがたくさん。
でも、いざやってみると意外と平気なことが多いのです。
一歩前に進みたいときは、
すみっコみたいにお風呂に入るのがおすすめ。
心も体もリラックスしたら
不安もいっしょに洗い流せるはず。

message

心配ごとは、
いつか泡のように消えてゆく

LUCKY ITEM
ラッキーアイテム

ボディソープ

いつもとちがうボディソープにすると、直感力アップ!
使った次の日は、頭で考えるよりカンを信じてみて。

とんかつと、 えびふらいのしっぽがコロコロ。
キッチンペーパーの上で横になって、 あぶらとり中。

あげものは、 よぶんな油を落とすとおいしくなります。
同じように、 人もよぶんなものを落とすと心が軽くなれるもの。
紙に自由に落書きしたり、
考えていることを書き出してみましょう。
とんかつたちみたいに紙にしみこませてみて。

紙に気持ちを書き出そう

+ LUCKY ITEM +
ラッキーアイテム

+ ソース +

あこがれの人を思いながら、 ソースを
ゆーっくりかけると、 その人に近づけそう。

きれいなアイスクリームの上で
なんだかうれしそうなすみっコたち。

アイスクリームって、色とりどりでとてもきれい。
ずっと見ていたいけれど、あっという間に溶けてしまいます。
溶けてしまうのは少しせつない。
でも、おいしさは変わりません。
どんな形になっても、だいじなことは変わらないって
アイスクリームが教えてくれているみたいです。

message

見方を変えると、
だいじなものが見えてくるよ

LUCKY ITEM
ラッキーアイテム

さくらんぼ

お部屋にさくらんぼ柄のアイテムを飾ってみて。
すてきなおしらせがやってきそう。

ねこがぺんぎん?の肩たたきをしているよ。

人にしてもらうマッサージって最高ですよね。
自分ひとりではなかなか解消できないことがあります。
そんなときは思いきって、ほかの人にお願いすると
意外とスッキリしちゃうもの。
どんな問題も同じことかもしれません。

message

つらいときこそ、
だれかをたよっていいんだよ

✦ お風呂 ✦

泡いっぱいの泡風呂に入ってみて。
苦手なことに挑戦する勇気が出てきそう。

すみっコたちがお部屋のすみで
旅きぶん。

出発前に荷物を用意するのって、
いつもわくわくするたのしいイベント。
でも、あれもこれも用意しすぎると、
荷物が重くなって、つかれてしまうことも。
心もそれと同じで、つめこみすぎるとヘトヘトになります。

message

心の荷物は、部屋のすみっこで荷ほどきを

LUCKY ITEM
ラッキーアイテム

トランク

トランクにお気に入りのステッカーを貼ると、
やりたいことが見つかりそう。

すいかから、 ぺんぎん？と
ブラックたぴおかがのぞいているよ。

暑い夏に食べるすいかはとってもおいしい。
冷えたすいかをしゃりっと口にほおばれば、
体も心も一気にクールダウン。
ほてった体も、 あつくなりすぎた心もすっきり。
少し休んだら、 またいい流れがやってくるはず。

message

あつくなりすぎた気持ちは、
冷やすと吉

LUCKY ITEM
ラッキーアイテム

すいか

すいかのイラストを身近な場所に置いておくと、
気持ちが落ちつきそう。

とかげが気持ちよさそうに泳いでいるよ。

もし今、あなたの心が落ちつかなくて
嵐のように大きな波を立てていたとしても、
波ひとつない静かな時間は必ずやってきます。
どんな問題もいずれ過ぎ去るもの。
ゆっくりゆっくり進みましょう。

message

過ぎ去るのを待つべし

・・・・・・・・・・・・・・・

LUCKY ITEM
ラッキーアイテム

貝がら

貝がらの絵と、あこがれの人のにがおえを紙にかいて。
それをカバンに入れておくと、あこがれの人に近づけるよ。

すみっコたちがお部屋のすみで
すやすや、いっしょに寝ているよ。

おふとんは気持ちが休まる場所だけれど、
忘れかけていた思い出が、ふと、よみがえる場所でもあります。
実は、おだやかな気持ちとせつない気持ちは背中あわせ。
ささいなきっかけでころんとひっくり返る仕組みです。
それを心にとめておけば、ちょっと安心できるはず。

message

せつない思い出も、
あなたをつくるだいじな一部

LUCKY ITEM
ラッキーアイテム

まくら

まくらをひっくり返して、いつもとちがうところで
寝てみて。明日からもっとやさしくなれそう。

LUCKY
ラッキーすみっコ
SUMIKKO
〈ほこり〉

しろくまが、ふろしきの似顔絵をかいているよ。
ふろしきも、モデルさんみたい。

いつもいそがしくしている人ほど、
立ち止まることがすこし苦手みたい。
でも、たまにはすみっコたちみたいに、
お部屋のすみでゆっくりしてみては?
気づかなかったことが、自然と見えてくるかも。

(message)

そんなにいそがなくても、

大丈夫

✦ LUCKY ITEM ✦
ラッキーアイテム

✦ スケッチブック ✦

スケッチブックにあこがれの人の名前を書いてみて。
太い字できれいに書くほど、その人に近づけるよ。

みにっコたちがおとまり会。
ふかふかのベッドが気持ちよさそう。

みんなで夜をすごすのって、楽しいですよね。
なぜかいつもはできない話をしちゃったり……。
それはきっと、ふしぎな夜の力のせい。
ずっと言い出せないことがあれば、
夜の力を借りてみて。

message

ひみつを打ち明けるなら、夜

LUCKY ITEM
ラッキーアイテム
★ 星の形のおかし ★

調子が出ないときは、星の形のおかしを食べると
元気になるよ。おかしの画像を待ち受けにしても OK。

ねこがやせる本を頭において、おにぎりを食べているよ。

おにぎりもぐもぐ、しあわせそう。

くるくる回る歯車は、ぴったりかみあわせるのではなく、

少しのすき間がないと、うまく回りません。

そのすき間を、あそびといいます。

あそびがないとダメなのは、人も機械も同じ。

のんびりする時間をだいじにしましょう。

まったり、のんびり、おおらかに

LUCKY ITEM
ラッキーアイテム

+ **おにぎり** +

緊張しそうなときは、丸いおにぎりと
三角のおにぎりを食べるとうまくいくよ。

いちごになりきったすみっコたち。
みんないつもとちがう姿になってたのしそう。

なんだか調子が出ないときは、
ちょっとだけ、いつもとちがうことを
やってみるのがおすすめ。
あまずっぱい、いちごみたいに
さわやかな気分になれるかも。

message

いつもとちがう自分に挑戦してみて

ノートやメモのすみっこにいちごの絵を書くと、
いつもより集中力が出そう。

とかげとにせつむりが、しゃぼん玉で遊んでいるよ。
しゃぼん玉ってキラキラ光って、とてもきれい。

きれいなものを見てうっとりしているときは、
心がよろこんでいる気がします。
もやもやした気持ちがスーッと消えていくような気がしたら
心もすっきり、浄化された証拠。
もうすぐいいことが起こりますよ。

message

きれいなものに、ふれてみて

LUCKY ITEM
ラッキーアイテム

しゃぼん玉

しゃぼん玉が高く飛んでいくところを
頭に思いえがくと、自信がわいてくるよ。

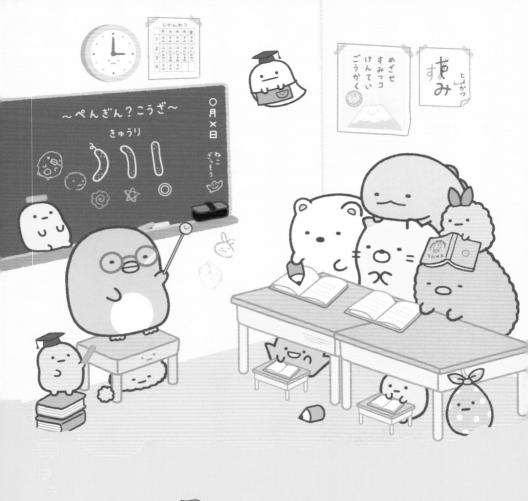

すみっコたちがお勉強中。
ぺんぎん？はメガネをかけて先生みたい。

勉強ってふしぎなもの。
こどもは「したくない」と言い、
大人は「もっとしたい」と言います。
時間がたつと、気持ちや考え方は自然と変わっていくようです。
今、がんばりすぎなくても大丈夫。
苦手なことをすきになれるときが、やがておとずれます。

message
知らない自分に、いつか出会える
・・・・・・・・・・・・・・・・・・・・・・・・・・・・・・・・・・・

LUCKY ITEM
ラッキーアイテム
＋ えんぴつ ＋

えんぴつを1本、ペンケースに入れて持ち歩くと、
ここぞというときにあなたの背中をおしてくれそう。

✦　✦　✦　✦　✦

とんかつとえびふらいのしっぽが、
おしゃれをしているみたい。どこかにおでかけするのかな？

おしゃれをしたときや、はじめての服を着るときって
なんだかわくわく、うれしい気分。
そんなときこそ、自分の心の声に耳をすませてみて。
新しいことにドキドキしたり、よろこんでいる自分のことを
まっすぐ見つめると、もっと自分を大切にできます。

message

うれしい気持ちを

だいじにして

✦ LUCKY ITEM ✦
ラッキーアイテム

✦　リボン　✦

赤い色のリボンを引き出しの奥にしのばせると
こまったときに助けてくれる人があらわれるよ。

とかげがぬいぐるみのお直しを、しろくまにお願い中。

しろくまなら、きっときれいにしてくれるね。

みんなそれぞれ、得意なこと・苦手なことがあります。

あなたが苦手なことは、勇気を出して

得意な人にお願いしてみましょう。

同じように、あなたは自分の得意なことで、

だれかの役に立てたらいいですね。

(message)

個性を生かしてみんなハッピー

+ LUCKY ITEM +
ラッキーアイテム

糸

深緑色の糸を足首にかるく巻いて1日過ごして。

寝る前にそれを切ると、心がもっと強くなれるよ。

お庭のすみっこで、てづくりのお弁当を
みんなでもぐもぐ。

遠足で食べるお弁当がおいしくて特別なのは、
きっといつもとちがう場所で、
みんなといっしょに食べられるから。
ふだんの暮らしの中でもちょっとだけなにかを変えてみると、
たのしいことがたくさん増えます。

(message)

工夫という名のスパイスで、
たのしさUP

+ LUCKY +
ラッキーすみっコ

+ SUMIKKO +
《ざっそう》

+ LUCKY ITEM +
ラッキーアイテム

+ ウインナー +

今日はウインナーをごはんにプラス!
食べたあとは、すごく頭がさえて勉強がはかどりそう。

ねこはたぴおかをぷにぷにさわって
ストレス解消中。

かわいいものややわらかいものにふれると、
じんわり心があたたまって、なんだか元気がもらえます。
今は、積極的に癒やしを求めるとき。
ねこみたいに、
すきなものとふれあって、癒やされましょう。

message

かわいいは元気のみなもと

・・・・・・・・・・・・・・・・・・・・・・・・・

✦ たぴおかドリンク ✦

よーくかきまぜてからたぴおかドリンクを
飲むと、ファッションセンス UP！

すみっコみんなでお料理タイム。
どんなごはんができるかな？

お料理はちょっとたいへんだけれど、
みんなで力を合わせれば、きっとおいしくできるはず。
てごわい目標も同じこと。
すてきなしあがりをめざして、
さあ、もうひと息。

LUCKY
ラッキーすみっコ
SUMIKKO
〈ほこり〉

message

みんなでやれば、 百人力！

LUCKY ITEM
ラッキーアイテム

✦ 厚焼きたまご ✦

気分がのらないときは、厚焼きたまごを
ゆっくり食べると、やる気がでるよ。

どさ

つんつんっ。

ぺんぎん？、元気がないのかな……？

どうにもならないときは、本当にどうにもならない。

そんなときは、寝るのがいちばん。

なあんにも考えないで眠りましょう。

目が覚めたときに、

また考えればいいんです。

message

今はなんにもしなくていい

LUCKY COLOR
ラッキーカラー

◆ グリーン ◆

運動するときは、グリーンの服を着てみて。
もっとたのしく運動できるよ。

かわうそもいっしょにみんなでテントの中。

しろくま、なんだかうれしそう。

キャンプ場に行かなくても、

大きな公園でちいさなちいさなテントを広げれば、

自分だけの別荘のできあがり。

いつもお部屋でしていることを

お外でやるだけで、とってもいい気分転換になります。

message

ひみつ基地でリフレッシュ

LUCKY ITEM
ラッキーアイテム

テント

テントの写真を待ち受けにすると
勉強がはかどるよ！

手先が器用なしろくまといっしょに、 みんなでぬいぐるみづくり中。

針に糸を通すのは、 むずかしいことのたとえによく使われます。
でもそんなむずかしいことも
今なら、 あなたのなかに眠るふしぎな力のおかげで
するりとうまくいきそう。

むずかしいこともうまくいく予感

＋ ボタン ＋

黄色いボタンを1つ、おさいふに入れると みんなに親切にしてもらえるよ。

えびふらいのしっぽが、考えごとをしているみたい。
なにを考えているのかな？

あとでやろう、明日考えよう、来週でもいいかな……。
そうやって後回しにしてきたことが、
きっといくつか眠っているはずです。
今はそれに取り組むべきとき。
ひとつずつ、じっくり向き合ってみましょう。

message

今が、まさしくそのとき

LUCKY ITEM
ラッキーアイテム

✦ おさいふ ✦

おさいふの中身を整理すると運がよくなりそう。
苦手なこともがんばれるよ。

すみっコたちが、パン教室でパンづくり。

生地をこねこね。いろんなパンを焼いているよ。

パンのしあがりは、生地によって決まります。

ふんわり、しっとり、しっかり……と、種類はいろいろ。

心も、パン生地に似ています。

あなたがこれまで

だいじにこねて、育ててきた心の生地は

これから、どんな風に焼きあがるのでしょう。

message

未来を生むのは過去の自分

● ●

＊LUCKY ITEM＊

ラッキーアイテム

✦ クリームパン ✦

お店のなかで、いちばんまる～いクリームパンを探してね。

それを食べるといいアイディアが思いつくかも。

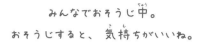

みんなでおそうじ中。
おそうじすると、気持ちがいいね。

集中したいのにできない理由のひとつは、
目に入る情報が多いせい、と言われています。
身の回りをきれいにかたづけるだけで、
集中力は大幅にアップ。
気分もスッキリ、一石二鳥！

(message)

今日はちょいそうじの日

おそうじグッズ

玄関や部屋のドアを新しいおそうじグッズで
そうじすると、願いごとが叶いそう。

すみっコたちがおとまり会。
みんなパジャマを着て、ちょっとだけおめかし。

人の体は、寝ているときに何度も寝返りしているそうです。
そうすることで、寝ているときの体の負担をやわらげているとか。
何かもやもやしていることがあれば、
ころんと寝返りを打つように、くるっと方向転換してみて。
心もすこしかるくなりそうです。

(message)

行き止まっても、

かろやかにターン

ラッキーアイテム

星

星の絵を描いて、その上になやみを書いて塗りつぶそう。
なやみが気にならなくなるおまじないだよ。

きゅうりを食べながら
ぺんぎん？がダッシュ！

今のあなたは、ぺんぎん？のように
すばやい行動をすべきとき。
直感をだいじに、一気にかけぬけよう！
きっとうまくいくはず。

(message)
いつもよりスピードアップ！

・・・・・・・・・・・・・・・・・・・・・・・・・・・・・・

✦ LUCKY ITEM ✦
ラッキーアイテム

✦ きゅうり ✦

きゅうりを左手に持って、「OK」と心の中でとなえよう。
苦手なことに前向きになれる、おまじない。

すみっコたちがコーヒーカップに乗って

ぐるぐるぐる♪

みんなでたのしめるコーヒーカップは
おとなにもこどもにも愛され続ける、
大人気の乗り物です。
今のあなたも、そんなコーヒーカップみたいに
まわりからの愛され度が UP しています。
今日はちょっとだけ、みんなにあまえても OK。

(message)

みんなのやさしさに、

すこしだけよりかかる日

ラッキースポット

テーマパーク

テーマパークですきな乗り物に乗ると
ずっとなやんでいたことの答えが見つかりそう。

すみっコたちは船に乗って海の上!?
マリンな服がかわいいね。

風をよむのは、むずかしい。
けれど船は、その風を利用して前へ前へと進みます。
向かい風だって味方につけて進むことができるのです。
それって意外と、
あなたの状況に似ているのかもしれません。

message
ピンチに見えて、実はチャンス

LUCKY ITEM
ラッキーアイテム

+ マリンスタイル +

身につけるものにマリンスタイルを取り入れると、
まわりに流されず、マイペースをたのしめるよ。

えびふらいのしっぽが、とんかつにぎゅっ。

ふたりとも、なかよしだね。

すきな人に自分の気持ちを伝えると、いいことだらけ。

その一言で相手もすごくハッピーになれるから、

はずかしがらないで気持ちを伝えてみて。

友だちでも恋人でも、家族でも。

あなたのすきな人をだいじに、だいじに。

message

声に出して「すき」って言ってる？

+ ハート +

手の甲にちいさくハートマークをかいてお風呂で
きれいに消すと、理想の自分に近づけそう。

すみっコたちは喫茶店におでかけ中。
みんなくつろいで、たのしんでいるみたい。

喫茶店でおしゃべりしていると、
つい時間を忘れてしまいます。
人とふれあう時間が、心をすっきりさせてくれるみたい。
だいすきな友だちと話す時間を大切にするのが、
あなたの元気のひけつです。

message
あの人に連絡してみよう

LUCKY ITEM
ラッキーアイテム

+ コーヒー +

休日のお昼に甘めのコーヒーを飲んでみて。
将来につながる、やりたいことが思いつきそう。

しろくまとふろしきがバカンス中。

サングラスがおにあいだね。

今は自分へのごほうびをあげるとき。

せっかくだからおしみなく、

自分にたっぷりとごほうびをあげるのがベスト。

すきな場所、すきなごはん、すきなスイーツ……。

ほら、考えただけで元気いっぱい!

message

ごほうびタイム、スタート!

・・・・・・・・・・・・・・・・・・・・・・・・・・・・

LUCKY ITEM
ラッキーアイテム

+ ドリンク +

めんどうだなって感じることがあるときは
冷たいドリンクを飲むと、やる気アップ!

きれいなお花ばたけの中で、
すみっこたちがしゃぼん玉あそび。

お花だけでもきれいなのに、そこに
しゃぼん玉のキラキラが組み合わさると、もっときれい。
アイディアがうかばないときは、
なにかとなにかを組み合わせると、
すごいことをひらめく予感。

message

こまったときは、かけ算がいい

LUCKY ITEM
ラッキーアイテム

ちょうちょ

気になる人の写真にちょうちょの絵をかくと、なかよくなれそう。
スマホの写真にアプリで絵をかいても OK。

ねことたぴおかをはかりにのせてみたら
ねこのほうがちょっと重いみたい……。

重さは、物によって価値が変わります。
宝石は重いほうがいいとされ、
体重は軽いほうがいいといわれがち。
でも、どちらも本当に必要なのは
キラキラかがやく魅力ではないでしょうか?

message

だいじなことを見失わないように

ＬＵＣＫＹ　ＩＴＥＭ
ラッキーアイテム

はかり

目標を紙に書いて、はかりにのせよう。心の中で
「がんばろ」ととなえると、目標に近づけるよ。

街角のだがし屋さんにやってきたすみっコたち。
すてきなだがしがたくさん!

だがし屋さんには、いろんな味のものがあります。
あまいだがし、しょっぱいだがし、すっぱいだがし……。
なかにはちょっと苦手な味のものもあったりするけれど、
そういうものに出会える時間も、たのしみのひとつです。

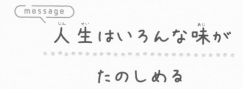

message
人生はいろんな味が
・・・・・・・・・・・・・・・・・・・・・
たのしめる
・・・・・・・・・・・・・・・

LUCKY ITEM
ラッキーアイテム
だがし

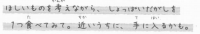

ほしいものを考えながら、しょっぱいだがしを
1つ食べてみて。近いうちに、手に入るかも。

あれ、ぺんぎん？の顔がいつもとちがう……？
のりのまゆげに注目！

かっこいいやきれいに正解はありません。
人の数だけ答えがあるから、おしゃれはたのしい。
常識にとらわれることはありません。
今日はいつもとちがう服やメイクで

おでかけしてみませんか？

message

おもいがけない

自分が見つかりそう

LUCKY ITEM
ラッキーアイテム

◆ のり ◆

決断しづらいことがあったら、のりが入った
料理を食べてみよう。きっぱり決められるよ。

ねこのきぐるみを着たすみっコたちは、
こたつでのんびり、くつろぎ中。

あったかいこたつに入っていると、
ついうとうと眠くなるもの。
頭もぼーっとしてしまうけど、でも、
そんな時間もたまには必要。
なにも考えない時間が、ひらめきを与えてくれそうです。

message

たまには頭をからっぽにしよう

LUCKY ITEM
ラッキーアイテム
毛糸

毛糸の切れはしをリボン結びにしてポケットにIN。
気になる人からやさしくしてもらえそう。

すてきなおにわにいるすみっコたち。

うさぎマイスターのお茶とスイーツ、おいしそう。

お茶とスイーツの相性は、ばつぐん。

だれにだって、そんなふうに相性がいいものがあります。

すこしでも運命を感じたら、まよわず突き進んでみましょう。

うまくいかなくても、相性が悪いだけ。

そう考えれば、心もすっとかるくなります。

message

相性がいいものに目を向けて

LUCKY ITEM
ラッキーアイテム

ケーキ

ちいさめのケーキを1つ選んで、そのケーキに合いそうな
音楽を聞きながら食べてみよう。くじ運がアップするよ。

★ LUCKY ★
ラッキーすみっコ
SUMIKKO
〈ほこり〉

みんなでたき火をかこんで、フォークダンス。

リズムにのって、たのしそう！

なんだか最近いい調子。

リズムにのって、テンポよく。

こまかいことは気にせずに心のままに動いちゃおう♪

(message)

この調子、この調子！

火

考えごとをするときは、火を見つめながら
するといい結果が出るよ。映像でも OK！

温泉にやってきた、すみっコたち。
みんなでぬくぬくあたたまっているよ。

体があたたまると、心も前向きになれるもの。
手足をあたためたり、あたたかい飲み物を飲んだり、
すみっコたちみたいにお風呂に入るのもおすすめ。
ぽかぽかすれば、今よりもっと、やる気が出ます。

message

心も体も、ぽかぽかするのが

だいじなんです

おまんじゅう

おやつにおまんじゅうを 2 個、お茶と一緒に
食べてみよう。自信がわいてくるよ。

アイスクリームを「ひとくちどうぞ」。

おいしいひとくちをシェアするように、
なやみもシェアしてみませんか?
みんな同じ人間だから、
なやんでいる「あのこと」だって、シェアできるはず。
すなおに話せば、だいじょうぶ。

message

きっと、わかってくれる

ラッキーアイテム

アイス

せつないときは、とびきりあまいアイスを
食べよう。うまく気持ちが切りかわりそう。

しろくまがおふとんから出てこないみたい。

ブラックたぴおかが、つんつん。

ふとんから出たくないって思う日もあります。

でも実は、今はその選択があなたにいちばん合っているのです。

心が晴れない日はむりをしないで、

霧が晴れるのをまつのが正解。

今はがんばらないでいいんです

- -

ラッキーアイテム

✦ カフェオレ ✦

気になる人に会う前は、カフェオレを
ひとくち飲んで。好印象につながるよ。

すみっコみんなで読書タイム。

本は、たくさんのことを教えてくれます。
勉強になる本、心が元気になる本、
勇気をくれる本、やさしい気持ちになれる本……。
ヒントがほしいときは、
まずは本屋さんに行ってみましょう。

本を読めば、なにかが変わる

ラッキーアイテム

ブックカバー

いちばんすきな本に、おしゃれなブックカバーを
かけて 読みかえすと、いいことが起こりそう。

ぺんぎん？がギターをひいて歌っているよ。
たぴおかとえびふらいのしっぽもダンス♪

ふいに歌を口ずさむことってありますよね。
そんなときは心の底で、
自分も気づかないうちにたのしいことが見つかっているみたい。
反対に、元気を出したいときは、
歌うことで自分を元気づけることもできるのです。

message
口ずさめば、
しあわせがやってくる

ダイエットしたいときは、ギターがかっこいい曲を
聞きながら運動すると、いつもより効果が出るよ。

大きなティーカップのそばに、
とかげがいるよ。
とかげのおかあさんと同じ色の紅茶、すずしげだね。

「お茶の時間」は、お茶を飲むことだけでなく、
休憩することも意味します。
どんなにいそがしいときも、休憩ってだいじです。
考えごとはいったん忘れて、
静かな心で、お茶をたのしみましょう。

message

お茶をいれて、深呼吸

★ LUCKY ITEM ★
ラッキーアイテム

紅茶

あまり飲んだことがない味の紅茶にチャレンジしてみて。
苦手だった人と、すごくなかよくなれそう。

すみっコたちが輪になっておどっているよ。

みんなで手をつなぐと、ま〜るいまるになります。
まるにはすみっこもありません。
今はなにをするにも花まるなとき。
あなたのまわりのことも
ま〜るくまとまりそうですよ。

message

みんなま〜るく、うまくいく

木の実を部屋の明るい場所に飾ると、
忘れもの防止になるよ。

なぞのアームがすみっコたちをねらってる……?
みんなぶるぶる、すみっこにひなん中。

あなたは今、やらなきゃいけないことに追われているみたい。
すぐに取りかかればこわくないのに、
先のばしにしちゃったせいで、なんだかこわく感じるようです。
今は、追われているものに立ち向かうとき。
すみっコのグッズをお守りにしたら、行動できますよ。

さあ、勇気を出して

ラッキーアイテム

+ すみっコのぬいぐるみ +

不安なときは、すみっコのぬいぐるみを
まくらもとに置いていっしょに寝よう。

みんなでいっしょに、いちごのケーキづくり。

おそろいのエプロンがとってもかわいい。

だれかのよろこぶ顔が見たくて、

人一倍がんばる、すてきな人……。

それって、いつかのあなたのことかもしれません。

そんな日のことを

すこしふり返ってみましょう。

(message)

やさしい気持ちを思い出してみて

・LUCKY ITEM・

ラッキーアイテム

生クリーム

生クリーム入りのスイーツをハーブティーと

いっしょに食べると、自分をもっとすきになれるよ。

Strawberry Fair
·Pancakes
·Sandwiches
·Cakes
·Flavored Tea

きれいなお花のブランコで
うとうと眠るすみっコたち……。

今はすやすや気持ちよくお昼寝を。
なにも考えないでリラックスしていたら、
すてきなことが起こりそうな予感。
今は静かにそのときを待ちましょう。

message

果報は寝て待とう

LUCKY ITEM
ラッキーアイテム

ブーケ

ちいさなブーケを玄関のドアに飾って
願いごとを言うと、いいことがあるかも。

今日はみんなでパジャマパーティー。
ぺんぎん？たちはトランプに夢中みたい。

みんなで遊んでいるときにかぎって、
調子に乗って失敗することってありませんか？
たのしくって、はしゃぎすぎてトラブルを起こしちゃう……。
ちょっとだけ気をつけて。
今のあなたはそんなことが起きそうな予感です。

(message)

気持ちにちょっとブレーキを

LUCKY ITEM
ラッキーアイテム

+ トランプ +

出かける直前にトランプのすきなカードを
思いうかべて。気になる人ができるかも。

すみっコたちとぺんぎん（本物）が再会。
みんな氷の上でうれしそう。

ゆっくり、じっくり、
時間をかけて水を凍らせると、
透明できれいな氷をつくることができます。
あなたの目の前にある「あのこと」も、
時間をかけると、いいものができあがりそう。

message
納得いくまで、じっくりやるべし

不安なことがあるときは、氷を口にいれて
しばらく目をつむると、おだやかな気持ちになれるよ。

たぴおかパークにやってきたすみっコたち。
かわいい乗り物に、すみっコたちもたのしそう。

なんでもたのしめる人って、
たのしみ方を知っている人。
どんなときもいいことを見つけて、
ポジティブにものごとを考えられるのって、
すごくすてきなことですよね。

message

たのしいこと探しでしあわせ気分

LUCKY ITEM
ラッキーアイテム

+ 風船 +

風船がデザインされたハンカチや小物を使ってみて。
新しいことに挑戦する勇気がわいてきそう。

すみっコたちが、もぐらをどうあげ！
みんなでお祝い。とってもとってもしあわせな時間だね。

うれしそうなすみっコたちを見ているだけで、
こちらもしあわせな気持ちになりますね。
このページを開いたあなたにも、
ちょっとだけ、しあわせをおすそわけ。

(message)

いいことが起こるかも

ラッキーアイテム

一輪ざし

すきな花を一輪ざしにして、朝日のなかで写真を撮ろう。
ついてないときにその写真を見ると、運気がよくなるよ。

すみっコたちがおさんぽ中。
電車のなかも、すみっこがいいみたい。

電車の旅は、いろんなたのしいことが待っています。
流れる景色、おいしいお弁当、
電車にゆられて眠るのもいい気持ち。
いつも通りすぎる駅で降りてみるだけで、
新しいことにたくさん出会えるはず。

message

知らない場所に 行ってみよう

◆ リュック ◆

リュックのショルダーベルトをしめなおしてみて。
今までやったことのないことがうまくいきそう。

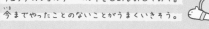

すみっコたちが大集合。
みんな、ちいさなかわいいお花を持っているよ。

きれいなお花を見ると、
心がぱあっと明るくなる気がします。
こちらがどんな気分でも、お花はいつもきれいに咲いています。
なんでもない日だからこそ、
お花を飾ってみませんか?

message

お部屋のすみに、ちいさなお花を

・LUCKY ITEM・
ラッキーアイテム

お花

お花がデザインされた雑貨を新しく買うと、
あなたの魅力がもっと深まるよ。

あじふらいのしっぽと手をつなぐとんかつに、
えびふらいのしっぽがやきもちをやいているみたい。

だれでも、やきもちをやくことがあります。
ちょっとせつなくてつらいけれど、
あの人がすきっていうピュアな気持ちから生まれた感情。
やきもちをやいている自分を見つけたら、
自分のすなおな気持ちと向きあってみましょう。

message

ピュアな気持ちをだいじにして

LUCKY ITEM
ラッキーアイテム

パン粉

パン粉を使ったあげものを食べると、
集中力が高まりそう。

たぴおかたちがだら〜り。
今日はやる気が出ないみたい。

だれだって、やる気が出ないときはあります。
そんなときは、むりにがんばる必要はありません。
たぴおかみたいに「やってらんね」って声に出したら、
ちょっとだけ楽になれるかも。

message

がんばらなくてもいい日もある

箱

きれいな箱に大切なものを入れて一晩置こう。
取り出すときに、次の目標が見えてくるよ。

じっ…

植木鉢をのぞくすみっコたち。
ちょこんと生えた芽に興味しんしんみたい。

植物はふしぎな力に満ちあふれています。
かよわい芽も、強い風や雨にもまけず成長して、
どんどん、ぐんぐん、大きくなります。
あなたのはじめの一歩も同じ。
最初はちいさくても、あとで何倍にもお〜っきくなるのです。

message

ちいさな芽も、
やがて大きな木に成長する

植物

お気に入りの植物を南の方角に飾ると、
あこがれの人となかよくできるよ。

お部屋のすみっこでの〜んびり。

なにもすることがない、ひまなときって
たいくつでつまらないと感じてしまいがち。
でも、ひまな時間は心に余裕を与えてくれます。
のんびりできるときは、
しっかり休みましょう。

message

「ひま」をじっくりあじわって

LUCKY ITEM
ラッキーアイテム

おもちゃ

ちいさなおもちゃを壁に飾ると、
おしゃれセンスがアップするよ。

たき火をかこんで、
みんなでいっしょにすみっコキャンプ。

たき火にあたると、ゆったりリラックスした気持ちになれます。
火を見つめるうちに、忘れていた昔のことを思い出したり。
なつかしくなったり、ちょっとせつなくなったり。
たき火はいろんな気持ちを思い出させてくれるのです。
ゆっくり、思い出にひたってみましょう。

message

思い出のなかに、
ヒントがかくされている

LUCKY ITEM
ラッキーアイテム

＋ ランプ ＋

おしゃれなランプをお部屋に飾ってみて。
信頼度がもっともっと UP！

しろくまがおさらをふいているよ。
たぴおかもおさらを運んで、お手伝い。

おさらをふいたり、気になるところをそうじするのって、
めんどうなときもあるけれど、やりきるとすごく気分がいいもの。
かんたんな作業だけれど、達成感ははかりしれない。
もし目の前にもやもや、くもっていることがあるなら、
きちんと向き合って、みがいてみて。

message

今こそ、気のすむまで

とことんやるべき

LUCKY ITEM
ラッキーアイテム

おさら

きれいに洗ったおさらに、気になる人の写真をのせて
部屋に2時間飾ると、距離がちぢまりそう。

とんかつとえびふらいのしっぽがペアルック！
ふたりともごきげんそう。

すきなものをおそろいにすると
なかよし度もたのしさも、もっとアップ。
気になる人となかよくなりたいときも
おそろいのもので盛り上がってみて。
きっとなかよくなれるはず。

〈とんかつ〉

(message)

おそろいは、

なかよしのおまじない

ラッキーアイテム

+ Tシャツ +

お気に入りのTシャツでお散歩すると、
今、自分に必要なものに出会える！

すみっコたちが、大集合。
みんな手をふっているよ!

おめでとう!!
このページは、この本の中でも
いちばん元気なパワーが詰まっています。
開いたあなたは、とってもラッキー!
自分を信じればなにもこわくない!

(message)

さあ！ 今こそ行動を

LUCKY ITEM
ラッキーアイテム

+ 四つ葉のクローバー +

四つ葉のクローバーの写真を、
もっとなかよくなりたい友だちに送ろう♪

道ばたに咲くちいさなお花、 公園の木もれ日、
街ゆく人の笑顔、 すてきなあの人のふるまい……。
キラキラしたものはあなたのまわりにあふれています。
いつもは気づかないところにもそっと目を向けてみて。
きっと世界がきらめいて見えるでしょう。

message
気づくだけで、
世界はきらめく

LUCKY ITEM
ラッキーアイテム
宝箱

キラキラした箱を見かけたら写真をぱしゃり。
意外な人からうれしい知らせが入りそう。

なりきりおすしの会。
ぺんぎん?は、カッパ巻きになりきっているのかな。

「長いものに巻かれよ」とは、大きな力や流れに
したがったほうがうまくいく、という意味。
流れに身をまかせてみれば、
おトクな情報がまいこんでくるかも。

message

流れに身をまかせると吉

・・・・・・・・・・・・・・・・・・・・・・・・・・・・・

★ LUCKY ITEM ★
ラッキーアイテム

✦ おすし ✦

おうちで手巻きずしをつくってみて。
こまりごとの解決策がひらめきそう。

森の中をお散歩しているのかな？

すみっコたちは、お気に入りのものを持っているみたい。
はじめてチャレンジする新しい目標に向かうときは、
お気に入りのものがあると心強く感じられます。
さあ、あなたもお気に入りのものを手に、
前に進んでみましょう。

message

お気に入りが

がんばりの後押しに

LUCKY ITEM
ラッキーアイテム

＋ りんご ＋

りんごを使ったスイーツをおやつに食べると、
新しい友だちがたくさんできるよ。

とかげのおうちに遊びにきたすみっコたち。
これからみんなで、ごはんの時間。

おいしくごはんを食べるには、
ひとりひとりの気くばりもだいじ。
おさらや飲みものを用意したり、椅子を運んだり……。
みんなのやさしい気持ちが集まって
特別な時間がスタートします。

(message)

気くばり上手は、
たのしみ上手

LUCKY ITEM
ラッキーアイテム

大皿料理

いつものごはんをゆ〜っくり食べてみよう。
だんだん運気がよくなってくるよ。

とんかつが魔法のランプ（？）を持って、
おとぎ話の主人公になりきり中！？

願いごとが叶うおとぎ話は、こどもの頃からの夢。
わたしたちは願いが叶うそのときのために、
毎日がんばっているのかもしれません。
でも、願いごとが叶うときって、意外とあっさり。
夢のためにがんばる日々こそが、宝物なのかもしれません。

message

人生は世界でたったひとつの
特別なストーリー

LUCKY ITEM
ラッキーアイテム

絵本

お気に入りの絵本の4ページめを写真に撮って。
待ち受けにすると新しいアイディアがわいてくるよ。

すみっコたちがノリノリでジャンプ！？
しろくまととかげは、 ちょっとびっくり！？

ほかの人と同じようにしなきゃ……と
あせってしまうことって、 たまにありますよね。
まわりの雰囲気に合わせなきゃって思ったり。
でもどんなときも、
あなたらしくいれば、 それでいいんです。

あなたのペースがいいペース

ピンク

今日、ピンク色の服を着た人とすれちがったら、
しあわせなことが起こりそう。

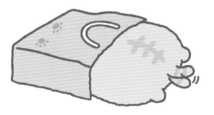

ねこがお気に入りの場所を見つけたみたい。
本当にねこは紙袋やダンボールがすきだね。

だれもが生まれながらにもっているのが、本能。
あなたのなかにも、それは眠っています。
さあ、本能のままに！
あなたのすきなものを見つけよう！

message

考えるより、本能をたよって

ラッキーアイテム

紙袋

おしゃれな紙袋を持って買い物に行くと、
ひとめぼれするほど気に入ったものに出会えそう。

message

ハグで気持ちが通じあう

すみっコたちがみんなでぎゅ～。
みんななかよし、しあわせそう。

大切な人がそばにいるのって、
すごくしあわせなこと。
しゃべらなくても、とっても居心地がいい。
今、だれかの顔がうかんだら
その人が、あなたのだいじな人なんです。

LUCKY HEART
ラッキーハート

 + **やさしい気持ち** +

ネガティブな言葉を口にしないようにすると、
気になる人となかよくなれるチャンスがおとずれそう。

ぺんぎん？はなにをさがしているのかな。

ここで問題です。
探しものは探しものでも、
世界でいちばんむずかしいさがしものって、な〜んだ？
答えは「本当の自分」。
あきらめずに探し続けたら、いつか見つけられるかも。

message
自分をよーく見つめて

★LUCKY ITEM★
ラッキーアイテム

+ **むしめがね** +

むしめがねをカバンに入れて持ち歩こう。
今よりもっと前向きな自分になれるよ。

だいすきなおかあさんに会いにきた、とかげ。
大きな背中に乗ってうれしそう。

最近、気持ちをおさえてがまんしていませんか？
人にたよっちゃだめとか、
ずっといい人でいなきゃとか。
どこかでそんなことを考えていませんか？
ときには素直に行動したっていいんです。
安らぎが、心の奥まで癒やしてくれます。

sumikkogurashi

message

あまえていいよ
• • • • • • • • • • • • • • • • •

LUCKY ITEM
ラッキーアイテム

星座

星座がデザインされた服を部屋着にしてみて。
仲のいい人が少しずつ増えていくよ。

すみっコたちがそろっておでむかえ。

さあ、 これからなにがはじまるのかな。

新しいことは、 ワクワクとドキドキがはんぶんずつ。

ちょっぴりこわいのは、 みんな同じ。

勇気を出して、 新しいドアを開ければ

たのしいことが待っています。

message

新しいことにチャレンジ！

LUCKY COLOR

ラッキーカラー

黄色

今日は黄色いおやつをセレクトしてみて。

新しい出会いがおとずれるかも。

しろくまがせんたくものをかたづけているよ。
ふかふかのタオルが気持ちよさそう。

おひさまの下でかわかしたタオルって
ふかふかで、 いいにおい。
おひさまの力でいい状態になれるのは、
タオルだけじゃありません。
今のあなたにもひなたぼっこが必要そうです。

message

おひさまをあびると、 心もふかふか

LUCKY ITEM
ラッキーアイテム

タオル

ふわふわのタオルをまくらに寝てみよう。
今よりおしゃべりがうまくなるよ。

すみっコたち、みんないっしょにおやすみなさい。
いい夢みてね。

睡眠時間は、こどももおとなも、すごくだいじ。
体をゆっくり休めるために、
心がすこやかに過ごすために、欠かせない時間です。
スヤスヤ寝れば寝るほど、
あなたも明日は、もっと元気。

message

ねる子はすこやか

LUCKY ITEM
ラッキーアイテム

+ ベッド +

ベッドのそばに時計を2つ置いてみよう。
つかれがとれる、おまじないだよ。

LUCKY
ラッキーすみっコ
SUMIKKO
〈ざっそう〉

ねこが壁でつめとぎ中。
気持ちいいのかな。夢中になってやっているみたい。

いやなことがあったら、
すきなことを夢中でやるのがいちばん。
ストレス発散できたら、いい気分。
たまっているストレスを、
今こそきれいになくしましょう。

すきの力でストレスすっきり

* * *

＊LUCKY ITEM＊
ラッキーアイテム
✦ ねこの足あと柄 ✦

ねこの足あと柄の文具や雑貨を3個を集めて
一か所に置くとリーダーシップが身につくよ。

しとしとふる雨のなか、
すみっコたちが、カサをさしてお散歩しているよ。

すごく落ち込んでいるときは、
雨のなか、カサもささずに
ただただ、立ちつくしてしまうのかもしれません。
今、あなたのまわりにそんな人がいそうです。
勇気を出して、そっと声をかけてみませんか。

(message)

こまっている人を助けよう

ラッキーアイテム

カサ

お気に入りのカサをひらいて干そう。
苦手な人となかよくなれるよ。

ねこが体重計に乗って、ガーン。
体重が増えちゃったのかな?

体重って、本人が気にするほど、
まわりは気にしていないもの。
今のあなたがいいって人は、たくさんいます。
だいじなのは、自分のことがすきかどうか。
自分のいいところを探してみましょう。

message

人とくらべないで

あなたがあなたをすきでいて

LUCKY ITEM
ラッキーアイテム

体重計

朝と夜にかかさず体重計にのると、
友だちがいろんなことを協力してくれるよ。

えびふらいのしっぽがはじめてのおつかい中。
すみっコたちもしんぱいそうに見まもっているよ。

はじめて挑戦することには、
ワクワクもドキドキもたくさん。
ついはりきりすぎて、急いでしまうことも。
でも、ゆっくり地道に進むのが
いちばんの近道だったりするのです。

message
遠まわりが近道

LUCKY ITEM
ラッキーアイテム

キャップ

おでかけのときに無地のキャップをかぶると、
「こうなったらいいな」が実現しそう。

とんかつが電子レンジのなかにいるよ。

チンしたら、サクサクのあげものになれるかな。

電子レンジってすごくべんり。

とんかつも、お弁当も、チンすればほっかほか。

でも長くやりすぎるのは失敗のもと。

あなたのなやみごとも、短時間で集中して取り組むと、

チンとうまくいきそうな予感です。

message

集中すればうまくいく

LUCKY ITEM
ラッキーアイテム
✦ 電子レンジ ✦

電子レンジに向かって、ゆっくり2回おじぎしよう。
長所が伸びる、おまじない。

すみっコたちがおっきなパンと
おもいおもいにまったりのんびり♪

パンの種類っておどろくほどたくさんあるんです。
見た目も味も、 みーんなちがう個性派ぞろい。
パンの個性も、 あなたの個性もおなじこと。
ほかの人とくらべて落ちこまないで、
あなたのいいところを忘れないで。

(message)

あなたもみんなも
人それぞれ

★LUCKY ITEM★
ラッキーアイテム
+ ━ クロワッサン ━ +

調子が出ないときは、 ちいさいクロワッサンを
つまんでみて。 元気になれるよ。

すみっコみんなでお買い物。
とんかつと手をつないで、
えびふらいのしっぽはうれしそう。

節約するのはえらいけど、
いつもがんばっているあなただから、
今はごほうびをあげるとき。
いつものスーパーでちょっとぜいたくな食材を買ってみて。
ちいさなごほうびが、今のあなたの心にききます。

message

自分にちいさなごほうびを

LUCKY ITEM
ラッキーアイテム

エコバッグ

エコバッグをきれいにしておくと
友だちからのおさそいがふえるよ。

NEKO

とかげが川で魚つりをしているよ。

たくさんつれて、うれしそう。

水面につりざおをたらして、魚を待つのがつりの極意。

すぐにつれるときもあれば、

長い時間をかけてようやくつれるときもあります。

しあわせを手に入れることも、つりに似ています。

あきらめないことが、だいじなんです。

message

ねばることも、 ときにはだいじ

LUCKY ITEM
ラッキーアイテム

+ バケツ +

ちいさなバケツを部屋に置くと、
人の気持ちにすぐ気づけるようになるよ。

すみっコたちが地図とにらめっこ。
みんなでどこかを旅する想像をしているのかな。

わからないとき、うまくいかないときは
なにかにたよるのが正解。
地図や本にインターネット、くわしい人でも OK。
わからないことがわかるようになったとき、
あなたもだれかにたよられる人に成長しているはず。

message
大きな知恵が、あなたをみちびく

LUCKY ITEM
ラッキーアイテム
+ カメラ +

スマホじゃないカメラで友だちやすきな人を
撮影すると、ずっとなかよしでいられそう。

ねこがたぴおかに、 あめをプレゼント。
たぴおかも、 ちょっとうれしそう!?

まわりの人にやさしくするのって、 意外とむずかしいですよね。
よけいなお世話だったらどうしようって、 なやんだり。
でもたいていの人は、 やさしくされたら
ただただ、 うれしいものなのです。

message

やさしいあなたがいちばんすてき

LUCKY ITEM
ラッキーアイテム

あめ

なんだかうまくいかないなっていうときは
食べたことがない味のあめをなめるとうまくいくよ。

すみっコたちがどこかに向かってお散歩中。
みちしるべには「すみっこ」って書いてあるみたい……。

今は先が見えなくて、不安かもしれません。
でも、続けていけば、光は必ず見えてきます。
不安なときは、これまでを思い出してみて。
人から見ると止まっているように見えたとしても、
あなたはすこしずつ、一歩一歩進んできたのですから。

message

前進あるのみ

. . . .

LUCKY ITEM
ラッキーアイテム

みちしるべ

みちしるべの画像を保存すると、
健康運アップのお守りになるよ。

Sumikko

読書がしゅみのぺんぎん？。
でも途中でなげだしちゃったみたい。

ぺんぎん？みたいになにかを途中でなげだしたとしても、
それは自分の限界までがんばれた、ということ。
「限界はこえるためにある！」なんていうときもありますが、
それは今のあなたには向いていないみたい。
がんばったら、自分をほめるのを忘れないで。

message

飽きるまで

やるだけえらい

本

好きな本を5冊つんで、その横で勉強すると
わからなかったところや苦手科目をこくふくできそう。

すみっコたちのおなかがぱんぱん。

まんぞく、 まんぞく。

おいしいものを食べるときって、

人生でいちばんしあわせな時間かもしれません。

たまには、 すきなものをすきなだけ。

とことんたのしんだっていいのです。

message

すきなものを、 すきなだけ

●　　●　●　　●　●　　●　●　　●　●　　●　●　　●　●　　●　●

LUCKY ITEM
ラッキーアイテム

◆ ごちそう ◆

頭にごちそうを思いうかべて、 それを食べる
想像をすると、 リーダーシップが身につきそう。

しろくまが、にちようだいく。
器用なしろくまなら、きっとお手のもの。

ものづくりって、新しいものをつくるだけじゃありません。
修理したり、長く使えるようにメンテナンスするのも
すごくだいじなことなのです。
今のあなたは、いつもより創造性が高まっているみたい。
身のまわりのものを改良すると、いいことがありそう。

(message)

メンテナンスで

いい未来を呼びこもう

+ とんかち +

人前に出るときは、頭のなかでとんかちで
物をたたくのを想像すると、緊張しなくなるよ。

カレーライスのおふとんでおひるね中。
とんかつがそっとかけなおしてあげてるね。

だれにも見られていなくても、
だれかにやさしくできるのって、すてきなこと。
そんなすてきな気持ちは、
まわりまわって、
いつか自分のところへもどってきます。

ＺＺ...

そっ

message

この世界は、

やさしい気持ちで

あふれてる

LUCKY ITEM
ラッキーアイテム

+ カレー +

おしゃべり中、カレーの話題を出してみて。
そのとき話した人みんなとなかよくなれそう。

かわうそがおいしそうなパンケーキを焼いているよ。
ねこもおもわず見とれちゃう。

焼きたてのパンケーキってなんだかしあわせ。
ふわふわにふくらんだ生地、あまーいにおい。
おや……?
あなたの夢や計画も、今、どんどんふくらんでいるようです。
たのしい未来がやってきそう。

message
夢はふくらみ、やがて実現する

LUCKY ITEM
ラッキーアイテム
フライパン

フライパンをすみずみまできれいに洗うと、
気にしていたことが気にならなくなるよ。

LUCKY SUMIKKO
ラッキーすみっコ
〈ねこ〉

1、2、3、4……♪ みんなでたいそう。
音楽にあわせて体を動かし中。

水たまりの水は、そのままだとやがてにごってしまいます。
わたしたちも定期的に動かないと、
体の調子がわるくなって、心もにごってしまうのです。
すみっコたちみたいに、ちょっと体を動かせば、
すっきりきれいになりますよ。

message

よどみなければ、にごりなし

ラッキーアイテム

ラジオ

めんどうな作業をするときはBGMに
ラジオをチョイス。いつもよりうまくいきそう。

LUCKY
ラッキーすみっコ
SUMIKKO
〈 とかげ 〉

すみっコたちが海を泳いでいるよ。
かわいいお魚、白いサンゴに癒やされちゃう。

広い広い海のなか。
青い景色は、どこまでも続いているように見えます。
あなたは今、水を得た魚のよう。
かろやかにすばやく、どんなことも自由自在にできちゃいそう。

さあ、すきなことをやってみましょう。

(message)

チャンスがやってきた
• • • • • • • • • • • • • • • • • • • •

LUCKY ITEM
ラッキーアイテム

+ くらげ +

くらげの写真や動画を見てから体を動かしてみて。
理想のスタイルに近づけるよ。

ぺんぎん？の帽子が、風で飛ばされちゃった!?
ぺんぎん？もあせっているよ。

いい風があなたのまわりに吹きはじめています。
でも、この風は代わりになにかをうばう、こまった風。
なにかひとつだけでかまいません。
手放す決断をすれば、
新しいなにかが手に入りそうです。

message

ひとつだけ、さよならをしよう

LUCKY ITEM
ラッキーアイテム
帽子

お気に入りの帽子でおでかけして
ほめられたら、モテ運がアップしそう。

たぴおかたちが音楽にあわせて行進中♪

マーチングバンドの演奏を聞くと
なんだかウキウキ、 たのしくなりますよね。
あれれ……?
あなたの心も、 なんだかワクワクしはじめています。
おまつりみたいなにぎやかなことが、 おとずれそうな予感です。

message

ウキウキが、
列をなしてやってくる

フラッグ

風になびいているフラッグを見かけたら、
写真を撮ってみて。運気がアップするよ。

えびふらいのしっぽの目から
キラリと光る、ひとしずく。

つらいことや悲しいことがあったとき、
ついついがまんしてしまいがち。
でも、泣いたほうが心はラクになるみたい。
雨上がりに虹が出るように、
涙のあとにはきっといいことがあなたを待っているはずです。

message

たまには泣いてもいいんだよ

LUCKY ITEM
ラッキーアイテム

しずく

きれいなしずくの写真を5個集めてみて。
それをながめると、大切なことに気づけるよ。

とんかつがハンバーガーの具になりきり!?
今日こそ食べてもらえるかな?

いっぱい具が入っているハンバーガーって
いろんな味がたのしめてテンションが上がります。
人も同じ。いろんないいところが集まって、できているもの。
よく知っているあの人も、
まだまだ知らない一面がかくされているのかもしれません。

message

まわりの人のことを、

もっとすきになれる

LUCKY ITEM
ラッキーアイテム
✦ ケチャップ ✦

ケチャップを両手で持って、深呼吸。
気になる人となかよくなるチャンスが来るよ。

きれいな宝石にかこまれたすみっコたち。

みんなぴかぴか、とってもきれい。

キラキラきれいな宝石たち。

気の遠くなるような時間をかけて、

大自然がつくりあげた宝物。

ひとつとして同じものはなく、それぞれに個性が光るのは、

どこかあなたと似ているかも。

message

あなたがさらにかがやくとき

LUCKY ITEM
ラッキーアイテム

宝石

きれいになりたいときは青、強くなりたいときは赤の
宝石の写真を待ち受けにすると、パワーをもらえるよ。

監　修　：サンエックス株式会社
　　　　　（小笠原尚子、濱田美奈恵、桐野朋子、伊東由基）
占　い　：クロイ

デザイン：佐藤友美
編　集　：荻生　彩（株式会社グラフィック社）

+ ✦ + ✦ + ✦ + ✦ + ✦ + ✦ + ✦ + ✦ + ✦ +

すみっコぐらし™
こどももおとなも
おみちびきBOOK
2021年9月25日　初版第1刷発行

発行者　　　　　長瀬　聡
発行所　　　　　株式会社グラフィック社
　　　　　　　　〒102-0073
　　　　　　　　東京都千代田区九段北1−14−17
　　　　　　　　TEL 03-3263-4318（代表）　FAX03-3263-5297
　　　　　　　　振替 00130-6-114345
　　　　　　　　http://www.graphicsha.co.jp/
印刷・製本　　　図書印刷株式会社

+ ✦ + ✦ + ✦ ✦ + ✦ + ✦ + ✦ + ✦ + ✦ +

定価はカバーに表示してあります。
乱丁・落丁本は、小社業務部宛にお送りください。小社送料負担にてお取替え致します。
本書のコピー、スキャン、デジタル化等の無断複製は著作権法上の例外を除き禁じられています。
本書を代行業者等の第三者に依頼してスキャンやデジタル化することは、
たとえ個人や家庭内の利用であっても著作権法上認められておりません。

 ISBN 978-4-7661-3553-4　C0076
©2021 San-X Co., Ltd. All Rights Reserved.
Printed in Japan